AF359650

Destruction de l'Allée du Palais Roïal.

OBSERVATIONS

SUR

LA DESTRUCTION

DE LA PROMENADE

DU JARDIN

DU

PALAIS-ROYAL.

*LETTRE d'un Anglois établi à Paris, à Milord P*** à Londres.*

Les Peuples font les victimes des folies des Princes.
Hor. Liv. i, Lp. II.

A AMSTERDAM.

M. DCC. LXXXI.

8° B L 22484

LETTRE
D'UN ANGLOIS
ÉTABLI A PARIS,
A MILORD P***.
A LONDRES.

Mᴉʟᴏʀᴅ,

Vous me demandez s'il n'y a plus de promenade publique dans le jardin du Palais Royal. Hélas! non. Cette grande allée faite en berceau, la plus belle de l'Univers; ce rendez-vous général de Paris & de tous les étrangers; cette sale d'Audience que le Ciel lui-même avoit tapiſſé de verd, n'eſt plus.

Des mains ſacrileges, armées de ſcies, ont détruit, dans quelques jours, un ouvrage que la nature avoit mis un ſiecle à former.

A 2

M. le Duc de Chartres a vendu pour
1800. liv. la deſtruction d'une allée, que
le public auroit acheté vingt millions. Et
par une fatalité unique, dont on conſer-
vera long-temps le ſouvenir dans les Annales de cette Ville, ces beaux arbres qui ont
fait autrefois les délices des vivans, ſervent
aujourd'hui à la ſepulture des morts (1).

On n'a jamais vu de ſpectacle plus tou-
chant que celui qui ſe paſſa à la deſtruction
de cette allée. Jamais cataſtrophe, dans aucune Tragédie, n'a fait verſer plus de larmes
aux ſpectateurs. J'en ai été témoin ; & tout
étranger que je ſuis, je n'ai pu m'enpêcher
d'en être affecté. A la première nouvelle
qu'on en eut, tout Paris accourut à ce Jardin. On ne vit pas plutôt une douzaine d'arbres abattus qu'un ſaiſiſſement général s'em-
para des cœurs. La pâleur ſe repandit ſur
tous les fronts ; un morne ſilence regnoit
au milieu de cette confuſion d'hommes &
de femmes : on ſe regardoit ſans ſe parler.
On voyoit dans chaque individu combien la
nature ſouffroit. Le déſeſpoir fut tel, qu'on
m'a aſſuré que trois particuliers, dont l'un
étoit Chevalier de St. Louis, accoutumés

____

(1) Ce bois n'eſt propre qu'à faire des bieres.

depuis trente ans à parler politique de sous un de ces plus beaux arbres qu'ils avoient adopté pour leur Conseil d'Etat, résolurent de se précipiter sous celui-ci lorsqu'on l'abattroit, pour être ensevelis sous ses propres ruines. Et ils auroient exécuté leur dessein, si un des amis communs ne les en eût empêchés. Cela vous surprendra, Milord, cependant cela ne doit pas surprendre. Il n'y a rien de si fort chez les hommes que l'habitude. Pour moi je suis assuré que bien des gens qui se rendoient tous les jours machinalement à ce jardin, ne pouvant plus s'y rendre, tomberont dans une espece d'hipocondrie dangereuse pour leur santé. Il semble que, pour rendre la scene plus touchante, on ait affecté de choisir le premier d'Août, où on avoit plus besoin de cette allée pour se mettre à couvert des grandes chaleurs de la canicule.

Le Prince qui fait abattre cette belle allée, dit qu'il a raison. Je ne lui disputerai pas ici sa raison, Je dirai seulement qu'il est bien difficile de mécontenter tout un public sans avoir tort. Du moins il n'arrive jamais que tant d'hommes se préviennent à la fois sans une cause légitime.

Ceux qui tiennent à la Couronne par leur

naissance doivent se prêter aux agrémens de la société générale. C'est la loi suprême ; & tout Prince Cytoien, n'en doit pas connoître d'autre.

Depuis que Paris est devenu le Royaume de la France, & que cette Ville est remplie de rentiers & autres gens sans occupation, qui n'ont d'autre affaire, que celle de n'avoir rien à faire, les promenades sont devenus nécessaires ; on peut les regarder comme des besoins phisiques, qui entrent, pour m'exprimer ainsi, dans la vie civile.

Il y a une foule de classes d'hommes désœuvrés à Paris que nous ne connoissons pas à Londres. C'est que le commerce occupe presque tout le monde en Angleterre ; au lieu qu'en France il n'y a qu'une classe particuliere qui en soit occupée. Pour un homme qui travaille dans cette capitale, il y en a dix qui ne font rien. Il faut pourtant que leur oisiveté soit distraite, sans quoi elle dégénereroit en vice ; & les jardins sont les remedes à ce mal.

Quiconque a lu l'Histoire, sait que de tout temps les promenades entrerent dans les vues du Gouvernement.

Les premiers Romains qui n'avoient point de jardins publics (parce qu'on n'a-

voit pas encore fait un lux de la nature)
avoient établi les places publiques, où les
Citoyens s'affembloient pour traiter des
affaires politiques & civiles.

Nous avons fubftitué les promenades aux
places; mais c'eft de leur local que dépend
leur utilité. Celle du Palais Royal étoit
dans le centre de la Ville, à portée de toutes les claffes des Citoyens. Les hommes de
tous les rangs & conditions s'y rendoient.

Les Princes, les Grands, les Seigneurs,
les Nobles, les Gentilshommes, les gens
d'épée & de robe, les Généraux d'Armées,
les Militaires, les Chevaliers de St. Louis,
les Officiers fubalternes, les Ecrivains, les
Auteurs, les Poëtes, les Muficiens, les
Citoyens, les Bourgeois, les Peintres, les
Financiers, les Traitans, les Banquiers, les
Marchands, les Commis, les Artiftes, la
Veuve, l'Orphelin, le Pauvre, le Riche,
les Dames, les Demoifelles, les Meres,
les Tantes, les Coufins, les Coufines, les
Filles, les Femmes, s'y promenoient ré-
guliérement dans toutes les faifons.

Il y a plus, les Valétudinaires, (& Paris en eft plein) s'y rendoient par décret de
la faculté. Je me fouviens d'avoir vu plufieurs ordonnances du célebre Médecin Du

Moulin, qui, après avoir indiqué à ſes patiens les remedes qu'il croyoit urgents, s'exprimoit ainſi à la fin: *Et ſur-tout le malade aura grand ſoin de faire tous les matins douze tours dans la grande allée du Palais-Royal avant ſon dîner, juſqu'à parfaite guériſon.* J'ai vu cette ordonnance faire des prodiges. Je viens de le dire, il n'y a rien de ſi fort que l'habitude, elle a un aſcendant prodigieux ſur les hommes.

La coutume eſt une ſeconde nature. On ſe défait difficilement de ce qu'on a fait tous les jours. On peut dire le même des uſages qui tiennent au méchaniſme de la vie civile. Un Prince qui heurte ceux-ci eſt ſûr de ſe faire haïr. Pierre I, paſſa pour un Tyran dans l'eſprit de la plupart de ſes ſujets, parce qu'il vouloit les obliger de ſe faire la barbe & de s'habiller à l'Allemande, ce qui étoit contraire à leurs uſages.

Voici une autre réflexion. Depuis que le luxe a formé des beſoins rélatifs dans toutes les claſſes de la ſociété; il s'eſt établi dans chaque famille une ſorte de ſervitude civile, qui attache au domeſtique, comme on l'étoit autrefois à la glebe. Un Citoyen accablé de ſoins & d'affaires, eſt eſclave dans ſa maiſon. Il ne recouvre la liberté que

lorſqu'il eſt à la promenade. C'eſt dans celle-ci qu'il ſe trouve indépendant de tout
le genre humain. Les Turcs qui n'ont point
de promenade (1) publiques, ſont les peuples les plus eſclaves de la terre.

A Veniſe, où le ſol n'en permet point,
on y a ſubſtitué la grande place de St. Marc;
& celle-ci ne ſuffiſant pas, on a permis les
maſque ſix mois de l'année. Par cet *incog-
nito* public, chaque rue devient une promenade publique.

La deſtruction de la grande allée dont je
viens de vous dépeindre la déſolation, cau-
ſa une révolution dans les eſprits. Le premier ſilence ſe changea inſenſiblement en
murmures; & ces derniers amenerent les
eſprits aux ſatyres; il n'en fut jamais de
plus atroces. Je n'en remplirai pas ici cette
lettre : il faut toujours reſpecter les Princes. Mais plus leur naiſſance leur donne le
droit d'être reſpectés, & plus ils doivent
mériter de l'être; lorſqu'ils s'attirent le mé-
pris du public, ils ſe placent d'eux-mêmes
au rang du vulgaire. Il perdent cette bonne réputation qui doit les faire vivre dans
l'Hiſtoire Le tombeau met fin à la vie des

____

(1) A Conſtantinople les Chrétiens ſe promenent dans
les Cimetieres.

particuliers. Celle des Princes commence après leur mort. Lorſque celle-ci laiſſe après elle l'indignation publique, leurs cendres ſe confondent avec celles des plus vils mortels.

La délibération qui a porté M. le Duc de Chartres à détruire le jardin du Palais-Royal, n'a pas été longue. Il a dit: *c'eſt mon droit*, & tout a été dit, il a fait abattre la grande allée.

Mais il a mal dit, Milord, ce n'eſt pas ſon droit. Il n'y a pour cela qu'à conſulter le droit des gens ſupérieur à celui des Princes. Voici la loi:

Lorſque le public occupe une promenade, un jardin, ou un grand chemin, depuis cent ans révolus, il en a le jus, & en devient uſufruitier; comme s'il avoit acheté celui-ci avec ſes propres deniers; parce que le public n'a pas d'autre moyen d'acquérir la poſſeſſion d'un local, en promenade ou en paſſage d'un lieu à un autre.

Voilà l'eſprit de la loi dans le cas du droit public d'Allemagne, qui eſt la première Juriſprudence de l'Europe. Et comme on ne trouve aucune loi en France qui y déroge, c'eſt celle-ci que cette Monarchie doit ſuivre. Voici un grand exemple qui l'autoriſe.

On fait que Louis XIV ayant eu un pro-
cès avec un particulier au fujet d'un local,
ayant voulu juger l'affaire dans fon Con-
feil, après un mûr examen, prononça en
faveur de fon fujet contre lui-même : & ce
Prince n'étoit pas homme à céder fes droits.

Prenez garde, Milord, la loi que je viens
de citer ne détruit pas la propriété du premier poffeffeur; mais elle accorde feulement
au public le droit du local en promenade,
y joignant celui du paffage. Voici un fe-
cond exemple qui ne le prouve pas moins
que le premier.

Le chemin de Verfailles à Paris eft au
Roi ; cependant il n'en pourroit pas priver
le public, par la raifon qu'il lui appartient,
ou s'il le faifoit, il couperoit la communication entre le Trône & fes fujets, &
par-là, cauferoit une lézion dans l'admi-
niftration des affaires de la République générale. C'eft ici le même cas. Le jardin du
Palais-Royale eft à S. A. S. ; mais il ne peut
pas le détruire, ni même le changer fans
caufer une lézion dans l'ordre public, parce que cet ordre établi tient à une infinité
de chofes qu'on ne peut détruire, fans caufer une révolution dans l'efprit des hommes. Mais fuppofons, Milord, que le Duc

de Chartres fût abſolument le maître de
détruire la promenade du Palais-Royal , &
que ce fût là ſon droit ; faut-il toujours faire valoir celi-ci au pied de la lettre ? & agir
avec le public (pour me ſervir de cette ex-
preſſion) *de Turc à Maure* ? Un Prince pa-
triote ne doit pas céder au cris général, &
ſacrifier ſes propr..s intérêts aux goûts &
anx amuſemens des Citoyens ? On voit
dans l'Hiſtoire de France l's Rois ſe prêter
ſouvent au genie de leur ſujets ; temoin, les
promenades & les Théatres , & autres monumens conſtruits à grands frais à leurs
dépens.

On doit cette conſideration aux differentes claſſes de Citoyens qui compoſent le
public. C'eſt lui qui paie les taxes & les im-
pôts, & qui fournit des bras à la république
contre ſes ennemis: c'eſt lui qui donne de
l'éclat à la Souveraineté , & qui eſt le fondement de la gloire du Prince. Qu'on faſſe
abſtraction à celui-ci : qu'on l'anéantiſſe
pour un moment , & à l'inſtant toute grandeur , toute puiſſance , toute Majeſté finit.
La Couronne tombe à terre, le Trône s'en-
fonce, & le Roi n'eſt plus qu'un homme. Il
en eſt de même des Princes aux particuliers,
qui ne ſeroient rien ſans ce public dont ils
font ſouvent ſi peu de cas.

Mais voici une obligation indifpenfable envers la fociété , parce qu'elle tire fa source de la reconnoiffance qui eft la premiere loi. Lors de la fondation de la Monarchie , les Rois de France n'avoient rien en propriété, ainfi que les Princes de leur famille. Tous leurs revenus leur ont été accordés fucceffivement par les fujets de l'Etat. C'eft par leurs richeffes qu'ils font devenus riches. Le Duc de Chartres , en qualité de Prince du fang , n'a pas un écu de revenu, qu'il ne le doive aux ancêtres de ceux à qui il refufe aujourd'hui de fe promener dans fon jardin.

En un mot, Milord , de qui doit-on attendre du défintéreffement, de la grandeur, de la magnanimité, que des Princes. Si ceux qui font nés auprès du Trône, n'ont pas une belle ame, où la trouvera-t-on ?

La bonté doit être la vertu naturelle de ceux que la naiffance & la fortune elevent au-deffus du commun des hommes. Il n'appartient qu'à eux d'être bienfaifans, parce qu'eux feuls ont les moyens de l'être. De là vient que l'Hiftoire éleve cette vertu au-deffus de toutes les autres. On fe fouvient toujours en France d'Henri IV, au lieu qu'on a prefque oublié Louis XIV, qui regnoit cent ans après lui Parce que Henri étoit bon , affable, complaisant, & que Louis n'étoit que Conquerant. Si ce bon Prince avoit possedé le jardin du Palais-Royal , bien loin de fermer la porte de cette promenade au public, il lui eût ouvert celle de ses appartemens : que dis-je , il eût partagé son lit avec un de ses sujets, s'il eût su qu'il en manquât. Ce Prince bienfaisant vouloit que le plus pauvre François put mettre une poule au pot tous les Dimanches. Celui dont il est ici question , non-seulement ôte la poule, mais même casse le pot, ou pour mieux dire , il renverse la marmite de plus de dix mille François, qu'il réduit à la mendicité, comme vous l'allez voir.

S. A. S. prétend qu'elle fera substituer deux grandes & belles allées à la place de celles qu'elle a fait détruire, & que par conséquent, ce ne fera qu'un passage d'un jardin à un autre ; mais ce sera le passage de l'éternité ; puisqu'il n'y aura aucun Parisien de la génération présente , qui ne soit mort.

Il a fallu cinquante ans, pour que la grande allée fut en état de produire cette ombre agréable qui faisoit les délices du public. Et il n'y a pas apparence que Dieu faſſe un miracle en faveur de ce Prince, d'autant plus que ce n'eſt pas aujourd'hui le Saint dont on fête le nom à Paris.

Cependant le Duc de Chartres donne ſon manifeſte ; car il prévoit d'avance que ſon nouveau plan doit cauſer une guerre civile dans les eſprits. Tout écrit juſtificatif d'un Prince envers le public eſt ſuſpect. Celui qui ne fait rien que ce qu'il doit faire, n'a pas beſoin de ſe juſtifier Je vous l'envoie tel qu'il l'a publié : c'eſt une piece rare, tant pour le fonds que pour la forme.

EXPOSÉ

Des changemens à faire au PALAIS-ROYAL, *Imprimé par ordre de son* ALTESSE-SÉRÉNISSIME MONSEIGNEUR LE DUC DE *CHARTRES*, PRINCE DU SANG.

,, Tout le monde parle du projet de
,, S. A. S. sans en être instruit; on suppose
,, qu'il tend à priver le public de l'entrée
,, & de la promenade dans le Palais-
,, Royal. S. A. S. a désiré le désabuser,
,, & mettre sous ses yeux ce qu'il a des-
,, sein d'exécuter.

,, Le jardin du Palais - Royal a cent
,, soixante-sept toises de long, & soixante-
,, douze toises de large.

,, S. A. S. retranchera sur la largeur,
,, de chaque côté, quatre toises & sur
,, la longueur, dans le fond, cinq toises,
,, pour faire des rues parallèles à la rue
,, de Richelieu, à la rue neuve des bons
,, enfans,

,, enfans, & à la rue neuve des petits
,, champs.

,, Ces rues nouvelles feront bordées du
,, côté du jardin, de maifons, dont les
,, façades feront uniformes, & les diftri-
,, butions intérieures à la volonté des ac-
,, quereurs, fur une profondeur qui fera
,, d'un peu moins de fept toifes, aux deux
,, côtés de la longueur du jardin, & de
,, dix toifes dans le fonds.

,, Ces maifons préfenteront, fous une
,, partie de leur premier étage, du côté
,, & au niveau du jardin, une longue
,, galerie couverte, libre de bout en bout
,, & ouverte au public dans tous les temps
,, de l'année. Elle aura environ douze
,, pieds de large, portera toute la hauteur
,, des rez-de chauffées & entre-fols, &
,, fera percée de cent quatre-vingt-huit
,, Arcades.

,, En avant de la grille actuelle, S A. S.
,, bâtira un grand corps-de-logis de quin-
,, ze toifes de large, & s'étendant en lon-
,, gueur depuis les maifons de la rue de
,, Richelieu jufqu'à celle des bons en-
,, fans.

,, Le petit jardin actuel, connu fous
,, le nom de jardin de S. A. S. fera con-

B

,, verti en une cour ouverte de trois gran-
,, des portes fur la rue de Richelieu, &
,, cammuniquant par trois arcades à la
,, Cour Royale.

,, Trois rues percées dans la rue de Ri-
,, chelieu, dans celles des bons enfans, &
,, dans la rue neuve des petits-champs, for-
,, meront les entrées & dégagemens tou-
,, jours libres, de la nouvelle rue établie
,, au pourtour du jardin.

,, Le nouveau bâtiment conftruit en
,, avant de la grille, fera foutenu par des
,, colonnes qui formeront trois galeries
,, couvertes, de foixante toifes de long,
,, à l'ufage du public : ces galeries fe-
,, ront crosfees quarrement par d'autres
,, galeries de droite & de gauche fous les
,, d ux aîles de la Cour Royale, dont fe-
,, ront fupprimés tous les appartemens du
,, rez - de - chauffée & des entre - fols. La
,, voûte qui eft en face du grand efca-
,, lier actuel, fera continuée fur la mê-
,, me largeur & de toute la profondeur
,, du bâtiment des archives, qui fera dé-
,, moli. Enfin le paffage étroit & incom-
,, mode qui conduit à la rue de Riche-
,, lieu, fera redreffé & confidérablement
,, élargi.

,, Ainſi tous les Bâtimens de la Cour
,, Royale feront portés fur des colonnes
,, & arcades, formant des galeries ouver-
,, tes au public, qui s'uniront à la galerie
,, du pourtour du jardin, laquelle aura
,, trois cens vingt-quatre toiſes de déve-
,, loppement, & dégagera par des arcades
,, fur le jardin même, dont les dimen-
,, fions feront alors de cinquante toiſes de
,, large fur cent trente-fept toiſes de lon-
,, gueur, ce qui forme une étendue de
,, plus de fept arpens & demi.

,, Tous les arbres de la grande allée
,, actuelle, qui font dès-à-preſent cou-
,, ronnés, & qui ne pourroient pas réfif-
,, ter fur pied plus de huit ou dix ans,
,, feront remplacés dans le nouveau jar-
,, din, par deux allées, qui auront cha-
,, cune exactement les mêmes dimenſions
,, que l'ancienne, & qui feront formées
,, de maronneire, portant déja toute la
,, groſſeur que peuvent avoir des arbres
,, propres à être tranſplantés. L'intention
,, de S. A. S. eſt que cette plantation foit
,, la premiere des opérations, & que les
,, arbres foient doublés pour donner plus
,, d'ombre, fauf à éclaircir après l'accroif-
,, fement.

B 2

,, Le jardin qui fera bordé par la grande
,, colonnade du Palais & par des maifons
,, régulieres, toutes affujetties à une fa-
,, çade uniforme, qui communiquera dans
,, tout fon pourtour à la promenade cou-
,, verte, la plus vafte & la plus magni-
,, fique; éclairé d'ailleurs le foir & mê-
,, me la nuit, jufqu'à deux heures, par
,, cent quatre-vingt-huit reverberes fuf-
,, pendus fous le cintre des arcades ; &
,, par les lumieres des appartemens des
,, nouvelles maifons, paroîtra peut-être
,, au public plus qu'un dédommagement
,, de la porte de la grande allée, qui eft
,, prefque le feul endroit du jardin où
,, l'on fe porte aujourd'hui, & qu'il fau-
,, droit bien fe réfoudre à perdre dans
,, peu d'années. Spectacle à la fois & pro-
,, menade de toutes les faifons & de tous
,, les momens; ce local prefentera un
,, genre de beauté dont il n'y a pas d'e-
,, xemple à Paris, & convaincra le pu-
,, blic, que dans les plans arrêtés par
,, S. A. S. il n'a pas été un inftant ou-
,, blié.
,, L'immutabilité de ce local fera affu-
,, rée. M. le Cardinal de Richelieu en
,, concedant, le 17 Mars 1636, au Sr.

„ le Barbier quarante-deux places au
„ pourtour de son jardin, pour y bâtir,
„ avoit stipulé que, *ni l'acquéreur ni ses*
„ *ayant cause, ne pourroient à présent ni*
„ *à l'avenir prendre aucuns jours auxdits*
„ *logis sur le jardin, & seroient obligés,*
„ *s'ils foisoient des cours, de faire elever*
„ *la muraille de clôture, ensorte qu'elle puisse*
„ *aller jusqu'à l'entablement, sans que les*
„ *vues puissent s'étendre ni atteindre sur le*
„ *jardin en quelque sorte que ce soit.* Mr.
„ le Duc d'Orleans a fait reconnoître son
„ droit à cet égard, le 6 & le 16 Juin
„ 1741, par quarante-sept de cinquante-
„ quatre propriétaires des maisons situées
„ autour du Palais-Royal,

„ S. A. S. Monseigneur le Duc de
„ Chartres, au contraire, s'engagera pour
„ lui & ses hoirs, & sous la garantie de
„ ses biens patrimoniaux, non-seulement
„ à maintenir les propriétaires des mai-
„ sons nouvelles dans l'exercice du droit
„ de jour qu'il leur aura concédé sur le
„ jardin, conformément au plan; mais
„ encore à conserver le jardin & le local
„ entier dans la même forme & la même
„ étendue, sans aucun changement ni di-
„ diminution.

,, Les plans originaux, profils & élé-
,, vations, font dépofés dans un apparte-
,, ment du Palais-Royal, que S. A. S. a
,, défigné à cet effet. On pourra les y voir
,, tous les matins, depuis neuf heures
,, jufqu'à midi, pendant quinze jours, à
,, compter du 5 Juillet, avec des billets
,, que l'on diftribuera chez M Fontaine,
,, Secrétaire des commandemenrs de S. A.
,, S. demeurant au Palais-Royal,

,, On a omis d'obferver que le Méri-
,, dien fera placé au fond & fur le Bâti-
,, ment du milieu du jardin.

Vous voyez par ce plan, Milord, que
S A. S. veut ajouter trois rues à celles
qui font déja établies autour du Palais-
Royal; mais cet capitale n'a point befoin de cette nouvelle communication. Il
feroit peut-être à fouhaiter qu'il y eût dans
Paris trente rues de moins, & quatre promenades de plus, par la raifon que j'ai
déja alléguée.

J'ai vu comme tout Paris, le plan de
cette bâtiffe en petit, & je vous affure que
lorfqu'on l'aura exécutée en grand, com-
pofee de cent huit arcades, éclairée par
cent quatre vingt-huit réverberes, elle
formera une foire fupérieure à celle de St.

Germain, sur-tout lorsqu'on y aura établi le Théatre des danseurs de corde, le grand spectacle des marionettes, les géans, les poissons & les ours. Il y a même apparence qu'on y verra bientôt des animaux plus agréables aux amateurs, des bêtes à deux pieds. Du moins les critiques prétendent que lorsque la célebre Gourdan & plusieurs autres Prêtresses de Vénus, y auront établi leur domicile, le Palais-Royal deviendra un lieu de débauche très-régulier.

Pour moi, Milord, qui n'aime point donner de mauvais noms aux monumens modernes, je compare celui-ci à un très-beau cloître : il est dans le même goût que celui de Mafra en Portugal, que Jean V avoit fait bâtir pour y loger mille moines.

Il est certain que si ce plan, tel que le manifeste le décrit, avoit été exécuté au milieu des Champs Elisées, ou en tout autre terrein isolé, il eût produit un grand effet ; mais la doublure le gâte dans l'endroit où il le fait élever.

Cette doublure, non-seulement en offusquera la vue : mais même sera préjudiciable à la santé des habitans, qui en contractceront néceſſairement des maladies dangereuſes, à cauſe de l'air mal-ſain qu'on y reſpirera. Lorſqu'on forme le plan d'une place ou d'un jardin public dans l'enceinte duquel on veut conſtruire cinquante ou ſoixante maiſons, il faut conſulrer le phyſique. C'eſt la premiere loi de l'architecture.

Si le jardin du Palais-Royal avoit un défaut avant qu'on l'eût démoli, c'étoit d'être trop petit; non pas par rapport à ſon local, mais à cauſe de la hauteur des maiſons de ſept à huit étages : ce qui faiſoit que ce jardin étoit (pour m'exprimer ainſi) comme enſevelis dans un puits, où il ne recevoit de l'air que du Ciel ; à quoi il faut ajouter une fuméc très épaiſſe qui s'exhaloit du haut des toits par le grand nombre de feux qu'on y faiſoit. J'ai pris un état de cheminées de cinquante-quatre de ces maiſons qui entourent ce jardin, & j'ai trouvé que leur nombre ſe monte à mille trois cens cinquante: incident qui rend l'air épais ; c'eſt de quoi ſe plaignoient déja les valétudinaires qui occupoient les contours de ce jardin.

Or, en y faiſant un double rang de

maiſons en dedans , on y diminuera l'enclos du jardin d'un tiers , & on y augmentera la fumée du double : vice local dangereux. On dira peut-être , que celle qui ſort des cheminées eſt enlevée par une matiere ſubtile qu'elle rencontre au haut des maiſons , & qui emporte cette fumée dans l'amoſphere de la moyenne région.

Mais il ne faut pas connoître les premiers élemens de la phyſique , pour ignorer que toute exhalaiſon quelconque , a des parties peſantes , qui ne ſont pas plutôt élancées dans l'air , que leur gravité les fait retomber vers leur centre. Nous n'en faiſons que trop l'expérience en Angleterre , où l'uſage du charbon de pierre rend Londres la ville la plus noire de l'Europe. Ce dépôt eſt ſi remarquable chez nous , que nous n'avons pas plutôt mis une chemiſe le matin , qu'à une heure après-midi , elle eſt teint de la couleur du charbon. Ce qui ſe paſſe ſur les corps extérieurs , produit le même effet dans les intérieurs : delà vient que dans cette capitale , il y a beaucoup de poitrinaires.

Il eſt vrai que la fumée de bois n'en produit pas tant ; mais elle en produit , & cela ſuffit pour cauſer des infirmités.

BIBLIOTHÈQUE DE L'ARSENAL

On objectera peut-être que, si cela étoit ainsi, toutes les rues de Paris en seroient affectées. Je réponds qu'il faut faire la différence des rues larges & ouvertes, qui reçoivent l'air de toutes parts, à un enclos fermé, où celui qu'il reçoit d'en haut, n tombant perpendiculairement, est pompé.

La rue Saint-Honoté, par exemple, reçoit l'air à droite & à gauche de plus de vingt avenues différentes, ce qui raréfie & purifie son air, & l'empêche d'être si mauvais qu'il le seroit dans un enclos; & ainsi des autres.

Voici un autre accident auquel S. A. S. n'a pas fait attention. Si, lorsque les trois rues seront bâties dans le nouveau jardin, (& il y a apparence qu'une grande partie des maisons qui les composeront, le feront à ses dépens) une douzaine d'habitans viennent à y mourir de leur mort naturelle, on ne manquera pas de dire que l'air y cause des maladies épidemiques. Alors la désertion y sera générale. Les maisons seront vuides. Plus on y mettra d'écriteaux pour les louer, & moins on les louera. Il faut que vous sachiez, Milord, qu'il n'y a point de peuple sur la

terre qui foit plus fujet aux terreurs pa-
niques que les François, & qui fe pré-
vienne plus facilement fur celles - ci. Je
puis vous en citer un exemple : il y a
quelques années, qu'une crevaffe s'ou-
vrit au bas d'une montagne qu'on appelle *Minimontan*. Tous les habitans qui
occupoient le haut, imaginerent qu'elle
alloit crouler, & qu'ils refteroient enfe-
velis fous fes ruines. Ils s'enfuirent dans
la plaine. La défertion fut générale. La
plupart, pour éviter la mort, vendirent
leurs maifons à moitié prix de ce qu'elles
valoient.

Le Colifée en eft un autre exemple mé-
morable ; c'eft un Renela prefqu'auffi
grand & plus magnifique que celui de
Londres. Quelques particuliers mal-inten-
tionnés n'eurent pas plutôt dit que fes
fondemens n'étoient pas folides, qu'on
l'abondonna fans retour.

Si par quelque accident, foit phyfique,
foit moral, il en arrive autant aux trois
rues bâties dans l'enclos du Palais-Royal ;
voilà un grand nombre, de millions de
perdus pour S. A. S ; & ce ne feront pas
les premiers qu'elle aura enfouis fous les
fondemens des grandes bâtiffes ; car ce

Seigneur, jusqu'ici, n'a pas été heureux dans l'Architecture Royale. Je voudrois que les Princes, sur-tout ceux qui sont nés à côté du trône, ne fussent occupés que des affaires d'Etat, & que, laissant les arts aux Artistes, ils ne s'appliquassent à d'autres Architecture, qu'à celle de soutenir (pour m'exprimer ainsi) l'édifice de leur rang.

Il est grand, pour un allié à la Couronne, d'avoir un jardin où le public puisse se promener gratuitement; mais il ne l'est pas d'en vendre le terrain. Cette vénalité peut trouver place dans l'ame d'un particulier, mais elle ne doit jamais entrer dans celle d'un Prince du sang.

Les deux grandes allées de marroniers, annoncées dans cet écrit avec tant d'emphase, ne prendront point; car les arbres sont sujets aux mêmes maladies que les hommes : plus on les transplantera vieux & moins ils réussiront.

Si l'on demande pourquoi la grande allée qu'on vient d'abattre avoit si bien pris, & pourquoi celles qu'on plantera ne prendront pas ; le voici :

Lorsque le Cardinal de Richelieu fit construire cette premiere allée, la place qui

forme aujourd'hui le jardin du Palais-
Royal, étoit un marais ouvert de toutes
parts ; ainsi ces arbres jouïssant de tout leur
physique s'accrurent dans la proportion de
l'avantage que leur donna le Ciel. Il le passa
plus de trente ans avant que les maisons
qu'on y bâtit, fussent élevées au point
qu'elles le font aujourd'hui : de maniere
que ces arbres n'étant point offusqués par
l'épaisseur de l'air, s'éleverent considéra-
ment ; & lorsqu'ils eurent acquis une certaine consistance, de quelque élévation
qu'on bâtit ensuite les maisons, ils prospé-
rerent toujours ; car il y a une grande différence, Milord, des arbres qui ont pris
dans un terrein d'abord bon, & le même
terrein devenu mauvais Ceci est si exact,
que ceux qu'on a plantés depuis cinquante
ans, dans les autres cantons de ce jardin,
font toujours restés petits, & n'ont pu ni
croître ni s'élever. Il est vrai qu'on les a
étayés continuellement par le haut ; mais
le corps n'a pas grossi par l'emprisonnement
où ils se font trouvés à cause de la hauteur
des maisons.

Je suis si sûr de ce que j'avance ici, que
je parie quatre mille guinées, contre qui
voudra, que de trante ans il n'y aura point

d'allée dans le Palais-Royal, (je veux dire, allée à berceau & à ombre) car je n'appelle pas de ce nom, celles que l'on plantera de deux côtés, (pour m'exprimer ainfi) avec des bâtons d'arbres qui refteront toujours droits, ou mourront bientôt.

Il falloitdire quelque chofe pour detruire cette belle allée; & on a dit que ces arbres ne pouvoient pas aller à dix ans ce qui n'eft pas exact. Je les ai examinés, & j'ai trouvé qu'il n'y en avoit aucun de gros qui n'en pût porter encore plus de foixante. D'ailleurs la méthode qu'on avoit employée jufques ici, de fubftituer de jeunes arbres à ceux qui étoient trop vieux, rendoit cette allée éternelle.

Le même manifefte dit, *que le Cardinal de Richelieu en concédant, le 17 Mars 1636, au Sieur le Barbier quarante-deux places au pourtour de fon jardin pour y bâtir, avoit ftipulé que l'acquéreur ne pourroit à préfent, ni à l'avenir, prendre aucun jour dans le jardin.*

Pourquoi donc cinq ou fix de fes ancêtres, fucceffivement, l'ont-ils laiffé prendre? Lorfqu'on veut maintenir un droit il faut le faire valoir. Si les Ducs d'Orléans avoient defendu aux particuliers qui ont bâti depuis, de ne point prendre de jour dans fon jardin, il n'y auroit pas, au moment où je vous écrits, une feule fenêtre fur le Palais-Royal. Eft ce aujourd'hui à réclamer un droit qu'on n'a pas fait valoir depuis cent ans?

L'acte de M. le Duc d'Orléans, qui fe fit reconnoître en 1741, eft un fimple cérémonial. S'il avoit bien voulu qu'on ne vît pas dans fon jardin, & qu'il eût le droit de le vouloir, il n'avoit qu'à faire murer les fenêtres; c'eft à quoi fes ancêtres ne penferenr point.

Mais il vaut mieux dire qu'aucun Prince de cette maifon n'avoit jamais imaginé d'établir une foire dans ce jardin Royal; & cette idée étant venue à M. le Duc de Chartres, il a bien fallu alléguer quelque raifon.

Jufqu'ici, Milord, je n'ai fait que vous donner le tableau de la révolution que la deftruction de la grande allée a fait naître dans les efprits; il me refte à vous parler des maux réels qu'elle a caufés dans les habitans. ils font tels que vous aurez de la peine à vous les imaginer. Je vais vous en donner une efquiffe, que vous ferez inférer dans les annales de Londres. Il n'eſt pas indifférent pour l'Hiſtoire de notre monde, que la derniere poſierité ſache que la privation d'une promenade, dans cette capitale, a cauſé la ruine de vingt-mille de ſes habitans. Cette anecdote eſt plus intéreſſante qu'on ne penſe. Elle ſert à prouver qu'en France comme en Angleterre, il y a une vice dans l'économie des peuples, & que Londres & Paris ſont trop grands. En effet, Milord, toutes les fois qu'un Gouvernement permettra à un million d'hommes de s'enfermer dans un enclos de quelques lieues de circuit, le moindre petit changement qu'on fera dans celui ci, y cauſera une grande révolution. C'eſt un effet qui derive de ſa cauſe. Lorſque les hommes ſont trop près les uns des autres, il ſe forme entre eux des habitudes locales, qu'ils ne contractent point lorſqu'ils ſont à une certaine diſtance ; c'eſt à quoi ceux qui ont dirigé ces deux Monarchies n'ont pas fait attention, & qui néanmoins mérite la plus grande. Je reviens à mon ſujet.

Qui le diroit, Milord, la clôture du jardin du Palais-Royal a porté ſur une branche de commerce. Car il ne faut pas

croire

croire que la grande allée fe remplit tous
les jours de gens oififs, qui n'avoient d'autre occupation que celle de fe promener.
Il s'y faifoit plus d'affaire qu'à la bourfe.
Tel qui ne vouloit pas paffer pour Mar-
chand dans cette compagnie de Négo-
cians, le devenoit fous ces arbres. La fa-
cilité de s'y voir & de s'entretenir, donnoit de l'activité à l'imagination, & faifoit naître du goût pour les fpéculations
du commerce. C'eft toujours en parlant
d'affaires, qu'on devient homme d'affaire. On s'y entretenoit continuellement
fur quelqu'objet qui avoit du rapport à
l'intérêt public; ou au particulier. Tel
qui venoit au Palais - Royal, fans autre
intention que celle de s'y promener, en
fortoit fouvent avec une fpéculation qui
lui fraiyoit le chemin à la plus brillante
fortune. C'étoit le rendez - vous général
des étrangers de toutes les nations de l'U-
nivers. Et vous favez, Milord, que c'eft
par la connoiffance qu'on acquierer des autres pays, qu'on apprend à enrichir le
fien. Je ne crois pas exagérer, en vous
difant que toutes les liaifons qui fe font
faites dans ce fiecle, entre Paris & les autres capitales de l'Europe, fe font formées

C

dans la grande allée. Les Allemands, les Espagnols, les Anglois, les Italiens, les Portugais, les Suedois, en écrivant à leurs correspondans de cette Ville, s'exprimoient ainsi : *Nous arriverons à Paris dans un tel temps, nous nous verrons au Palais-Royal.* Cette promenade n'exiſtant plus, il n'eſt pas aiſé d'evaluer la perte qu'elle cauſera dans cette induſtrie locale, parce que celle-ci tient à une ſuite de cauſes ſecond s & d'accidens qui ſont au-deſſus du calcul; mais en voici une qu'on peut évaluer, parce qu'elle eſt à la portée de chacun : je veux parler de la baiſſe du prix des maiſons. Il faut vous expliquer ceci. Les Palais, Hôtels & tous les édifices, ont une valeur réelle, qui eſt celle de leur premiere bâtiſſe, dans laquelle on comprend toutes les differentes manutations qui entrent dans leur conſtruction; mais outre celle-ci, il y en a une autre fictive, qui tient au local, & qu'on détermine par la proximite des Theatres, des places, des marchés, des foires, des promenades & jardins publics. Cependant on ne peut pas dire abſolument que cette valeur ſoit tout-à-fait fictive, puiſque le ſol ſe vend dans la proportion rélative que le préjugé établit là-deſſus. Et cela peut aller au point que la toiſe quarrée que l'on paie cinq cens livres dans un certain quartier, en coûte cinq mille dans un autre. C'eſt qui établit la grande différence qu'il y a dans le prix du loyer : de maniere qu'une maiſon ou Hôtel dont on paie douze mille livres par an, à cauſe de ſa portion, n'en paiera pas deux mille dans un autre, quoiqu'elle ſoit de la même grandeur & ait autant d'appartemens.

Voilà le cas aujourd'hui des cinquante-quatre maiſons ou Hôtels qui entourent le Palais-Royal· Le prix d'achat du terrein ou conſtruction, avoit coûté, au corps des propriétaires, environ douze millions, dont le loyer en total rendoit ſept cens cinquante mille livres, ce qui faiſoit un peu plus de ſix pour cent, & cela, parce que les locataires jouiſſoient de la vue du Palais-Royal, & avoient chacun une porte pour y entrer.

Mais n'y ayant plus de Palais-Royal, ou ce qui eſt la même choſe, la vue étant interceptée, & toutes les fenêtres de ces maiſons ne donnant plus que ſur de nouvelles rues, auſſi étroites que vilaines, la valeur de celle-ci diminuera de la moitié, c'eſt - à - dire, que les douze millions de premier achat du terrein ſeront réduits à ſix.

Cependant cette perte, toute conſidérable qu'elle eſt, n'eſt rien en comparaiſon de celles que vous allez voir.

La rue de Richelieu, des Bons-Enfans, de la place des Victoires, de Vivienne, de Saint Honoré, la rue neuve des petits Champs, là rue du Haſard, la rue Traverſiere, profitoient de la manie des Pariſiens, & de celle des étrangers, de ſe loger aux environs de cette promenade, dont la clôture diminuera les loyers des maiſons d'un tiers : celle-ci dont j'ai pris note ſont au nombre de mille deux cens ſoixante-quatre, dont la valeur eſt d'environ vingtcinq millions trois cens mille livres, ſur le pied actuel de leur loyer ; or, ſi par la deſtruction de cette promenade, le loyers diminuent d'un tiers, comme ils diminueront, il s'enſuivra que les propriétaires de ces ſept rues perdront en effet un capital d'environ huit millions quatre cens trente mille livres.

Connoiſſons nous quelque loi en Europe, par laquelle un Prince chrétien puiſſe diſpoſer ainſi du bien des Citoyens? Le

grand Turc lui-même, à Conftantinople,
n'eft ni affez tyran, ni affez defpote pour
ofer, de fon autorité privée, dépouiller
ainfi fes fujets. Je connois les loix & les
ufages de la Porte, & j'ofe vous affurer,
Milord, que fi un Prince du fang Otto-
man avoit ofé attenter ainfi fur la fortune publique, le grand Seigneur l'eût fait
empâler.

La diminution du tiers du loyer de maifons de tous les quartiers dont je viens de
parler, intéteffera le fort de plus de vingt
mille Parifiens ; & par la privation de huit
millions qui feront de moins dans la circu-
lation générale, celui de cent mille.

D'après ce calcul, vous croirez peut-
être, Milord, que la diminution de ce
tiers de loyer, ne portera que fur le tiers
de la fortune des propriétaires des maifons. Point du tout ; elle leur enlevera le
total de leur revenu. Voici comment. La
plupart des propriétaires avoient emprun-
té la premiere fomme pour faire bâtir ces
maifons, dont ils payoient l'intetêt à cinq
& même à fix pour cent ; ils ne fubfi-
ftoient que du furplus de cet intérêt que
leur procuroit la proximité du Palais-
Royal ; or ce loyer diminuant d'un tiers,

ils fe trouveront tout jufte à la mendicité.

C'eft ici, Milord, qu'en voyant tant de Citoyens, réduits à demander l'aumône, on peut fe donner le fpectacle de ce coup funefte. Quoique notre nation foit actuellement en guerre avec la France, je ne puis m'empêcher de plaindre le fort de tant de malheureux François. Il fuffit d'être homme pour s'intéreffer aux maux de l'humanité.

Outre la perte des particuliers, il y en a une pour l'Etat. Il eft certain que le Roi perdra le dixieme de toutes les fommes que la baiffe des loyers anéantira, & cette diminution ne fera pas médiocre, dans un moment où le Gouvernement a befoin de toutes fes finances, & où le moindre vide eft de conféquence pour lui. Il eft vrai que les trois rangs de maifons que S. A. S. élevera dans le Palais - Royal, payeront le dixieme ; mais ce ne fera guère que dans cinq ans. Et pendant tout ce temps-là, la perte fera réelle. D'ailleurs, ce nouveau dixieme fera peu de chofe, en comparaifon de celui que la totalité des maifons paie aujourd'hui. Refte la capitation & l'induftrie qui formeront un autre vuide dans le Tréfor, Royal ; car ces deux taxes font toujours perçues fur le prix du loyer : or les loyers diminuant, l'un & l'autre diminueront. Dans toutes les viciffitudes publiques, il y a une efpece de compenfation ; mais ici, il n'y en a aucune. Une fois la promenade du Palais Royal anéantie, le mal eft fans remede.

Mais voici une cruaute qui n'a point d'exemple dans l'hiftoire d'aucun Prince Tartare. Il s'etoit formé dans le veftibule du Palais-Royal, dans l'enclos du jardin & fur les avenues qui conduifoient à la grande allée, quarante-huit ou cinquante petites boutiques, où on vendoit des étoffes de foye, des bas, des veftes, des mouchoirs, des boëtes, des rubans, des cordons, des montres, des livres, des tableaux, des eftampes, & une infinité d'autres articles qui faifoient valoir plus de deux cens manufactures, dont la manutention donnoit à vivre à plufieurs milliers de Citoyens.

Vous croirez peut-être, Milord, que ces petites boutiques dont la plupart etoient nichées dans des trous de muraille, faifoient un petit commerce ; je l'ai cru d'abord comme vous ; mais en dernier lieu eu ayant pris la note, j'ai trouvé que leur detail alloit à dix-huit cent mille livres par ans ce qui, dans ce genre d'induſtruie fourniſſoit à la ſubſiſtance d'une population entiere. Or, ces boutiques étant détruites, il arrivera encore ici qu'une foule de Citoyens ſe trouveront ſans pain. Il ne faut pas imaginer, Milord, que cette induſtrie puiſſe être tranſplantée ailleurs. C'étoit, pour m'exprimer ainſi, ſon local. On pouvoit la regarder comme commerce de ſurabondance, fondé ſur le paſſage de ce jardin, or celui-ci ne ſubſiſtant plus, il finit avec lui.

Cependant S. A. S a dit : c'eſt mon droit. Si c'eſt là ſon droit, il lui doit être particulier. Car nous ne connoiſſons aucun Gouvernement en Europe, ou un Prince qui n'eſt pas Souverain, puiſſe, de ſon autorité privée, détruire la fortune de vingt mille Citoyens.

Il eſt certain, Milord, que cette affaire n'a pas eté enviſagée dans tous les points de vue que je vous la repréſente ici, ſans quoi le Gouvernement s'y feroit oppoſé.

Il eſt vrai que ce Prince a ſurpris celui-ci; car le Roi, en lui accordant des lettres pour faire des changemens dans ſon jardin, avoit ſous entendu que ces lettres feroient enrégiftrées au Parlement : & en effet il les lui remit pour qu'elles le fuffent; mais voyànt que la chofe traînoit en longueur, & que d'ailleurs elle pourroit éprouver quel-ques difficultés de la part d'un corps qui eft le protecteur du peuple, il les retira, & donna ordre tout de fuite qu'on abatti la grande allée; c'eft-à-dire, qu'il a fait fans permiffion ce dont il avoit demandé la per-miffion de faire.

Au refte, Milord, Monfieur le Duc de Chartres n'avoit pas befoin de faire un mar-ché public du Palais-Royal, pour augmen-ter fa fortune; elle fera un jour prodigieu-fe. Lorfque le grand Amiral fera mort, & que fa fucceffion fera confondue avec la fienne, ce fera le Prince le plus opulent de l'Europe. Il n'y aura que les maifons roya-les qui feront au-deffus de la fienne en ri-cheffes & en grandeur. Mais fi c'eft pour augmenter fes revenus, fon plan eft man-qué. Je vous expliquerai ceci dans une fe-conde lettre, où vous verrez par le détail-que je vous en donnerai, qu'on lui en a impofé. Je me contenterai de vous dire dans celle-ci, que fa foire boutiques ne réuffira pas, à caufe que leur deux grandes allées (comme je vous l'ai déja dit) ne pren-

dront pas , ou , ce qui eſt le même , prendront tard. Or , lorſqu'il n'y aura point de
promenade , je ne vois aucune raiſon qui
détermine le public à donner la préférence
aux boutiques qui formeront les rues de la
Halle du Palais Royal , ſur celle de la rue
St. Honoré ; j'en vois même une , pour qu'il
ne la leur donne pas : je veux dire la hauſſe
du prix des marchandiſes , à cauſe de celui
du loyer qui ſera exhorbitant. Le commerce eſt toujours rélatif au bon marché. Dans
un établiſſ. ment nouveau , on ne peut ac-
querir la préférence ſur l'ancien que par la
baiſſe des effets qu'on y vend. Or , au lieu
que ceux-ci ſoient à meilleur marché , ils
ſeront plus chers , ce qui fera fuir les ache-
teurs. En général il n'y a rien de ſi avare
que ce qu'on appelle le public. Ceux qui le
compoſent, ſeroient une demi lieue de plus,
pour gagner un petit écu ſur un achat
de dix.

En voilà aſſez , Milord , pour vons con-
vaincre que ces maiſons & boutiques pour-
ront être occupées les premieres années ;
car c'eſt ici le pays des nouveautés. Les
commencemens de ces établiſſemens plai-
ſent toujours ; mais lorſqu'on n'y trouve
pas ſon compte , on les abandonne ; car

ici, comme ailleurs, on eſt toujours guidé par l'interêt perſonnel.

Voici d'autres réflexions tout-à fait détachées de celles que vous venez de lire, qui intéreſſent la politique. Je ne vois pas pourquoi la maiſon d'un Prince du ſang, alliée à la Couronne, de qui a été quelquefois ſon ennemie, doit avoir dans l'enceinte de ſon Palais trois rues renfermées par une porte dont lui ſeul peut avoir la clef dans ſa poche. Dans une guerre civile, elles pourroient ſervir de retraites pour retirer pluſieurs milliers de mécontens. Si dans les derniers troubles qui agiterent Paris, Gaſton eût eu une ſemblable Cazerne, on ne l'eût pas forcé à paſſer ſa vie dans la retraite comme un ſimple particulier.

Je ne ſaurois finir cette Lettre, Milord, ſans faire l'éloge de la maiſon d'Orléans, ſans contredit la plus noble & la plus diſtinguée du monde, puiſqu'elle tire ſon origine de celle de France, dont les premiers Rois de l'Europe ſe font gloire de deſcendre. Je ne remonterai pas plus haut qu'à notre ſiecle.

Philippe, Régent du Royaume, étoit un grand Prince. Il fit remarquer en lui des qualités qui se trouvent difficilement réunies dans ceux que la naissance & la fortune élevent au-dessus des hommes ordinaires ; il se montra sur le théatre de la guerre, & s'y distingua, par des actions d'éclats, dans un âge qui n'est pas encore celui des Héros (1).

A la tête des affaires il fit voir un génie aussi vaste qu'étendu. C'est lui qui établit ces six Conseils d'Etat à jamais mémorables dans l'Histoire de France, qui partageoient ce Gouvernement en autant de branches séparées, qu'il y a de départemens différens : administration qui peut seule prévenir le trouble & la confusion inévitables dans un grand Royaume. Il eût mis de l'ordre dans les finances, & les eût rétablies si Louis XIV, en faisant le mal, n'eût prévenu le remede.

Son fils préféra la gloire du Ciel à celle de la terre. Ce Prince ayant reconnu le néant des choses humaines, mourut avec l'humilité du saint, séparé du faste & des grandeurs du monde.

Le Duc d'Orléans d'aujourd'hui, bien loin d'avoir dérogé aux vertus de ses an-

______

(1) Il n'avoit encore que quinze ans lorsqu'il fit sa premiere campagne.

cêtres, leur a donné un nouveau luftre. Ce Prince a l'ame grande, belle, noble, porté au bien, toujours prêt à obliger. Sa qualité principale eft la génerofité. Tout Paris, (s'il m'eft permis de m'exprimer ainfi) eft couvert de fes bienfaits. On ne fort jamais mécontent de fon audience. Il met de la bonté jufques dans fes refus. Ce qui eft la grande vertu des Princes, qui, ne pouvant pas toujours donner, doivent refufer de bonne grace.

Monfieur le Duc de Chartres, dont il eft ici queftion, a des qualités dignes de fon fang. Son enfance fut chere aux Parifiens. La France vit naître en lui les germes de ces vertus qui, dans les Princes, font le fondement de l'eftime publique. Auffi eft-il à préfumer que ce projet qui indifpofe aujourd'hui tout Paris, n'eft point de lui.

Par une fatalité attachée aux cours, il y a, dans la plupart de celle-ci, des hommes fans mœurs qui, non feulement, corrompent le cœur des Princes, en les excitant à la débauche, mais même leur gâtent l'efprit en irritant leur imagination par des plans de nouveaux édifices. Ceux-ci font font fecondés par des Architectes.

courtifans, qui ne font pas moins dangereux. Ces derniers ont toujours en poche
le deſſein de quelque édifice brillant, pour
féduire les grands.

Dans la nouvelle conſtruction du Palais-
Royal, Louis (1) gagnera en argent
comptant, ce que le public perdra en agrémens.

Il y a à Paris une maladie épidémique
qui a gagné les premiers de l'Etat. Elle a
ſes cauſes & ſes redoublemens ; car ; à me-
ſure qu'un Prince fait élever deux Palais, un autre fait conſtruire trois rues.
De cette émulation univerſelle, eſt née
une Architecture gauche, idiote, dénuée
de génie & de goût. J'ai examiné ce tas
immenſe de pierres qu'on a entaſſées les
unes ſur les autres depuis dix ans, & je
n'ai vu que des bâtimens & point de monumens.

En France, l'Architecture tient au génie public ; elle eſt auſſi ſuperficielle que
l'eſprit de la nation ; elle eſt réduite en
façades. On a beau chercher des Palais,
on ne trouve que des portes.

Regle générale, Milord, lorſqu'on voit

____

(1) Fameux Architecte.

un art se multiplier à l'infini, il dégénere. Il n'y eut qu'un Michel Ange. Si lors de la perfection de cet art, on en eut compté un grand nombre en Italie, nous n'en compterions point aujourd'hui. La nature n'est jamais prodigue de ses dons ; elle les distribue avec économie. Les grands talens ne se trouvent que dans un petit nombre d'Artistes ; s'ils etoient communs, ils perdroient leur nom & leur prix.

En france cette profession prend sur celle des premiers besoins. Tandis que les campagnes manquent de laboureurs, trente mille François se levent tous les matins dans cette Capitale pour scier des pierres, les polir & les unir ensemble.

L'ordre public demanderoit que l'économie des bras entrât dans la police du Gouvernement. Mais il en manque une autre à Paris, peut-être plus nécessaire, je veux dire celle d'empêcher les Architectes d'être de mal-honnêtes gens ; car on peut appeller de ce nom, des Artistes qui en imposent par des mensonges ruineux. Demandez-leur le plan d'un édifice ; rien n'est si économe que le dessein qu'ils en donnent sur le papier : faites-les executer, vous êtes ruiné. Je suis, &c.

P. S. Depuis ma lettre écrite , le Roi ayant formé le deſſein de faire conſtruire la ſale de l'Opéra au Carrouzel ; & le Palais-Royal étant ainſi privé de ce ſpectacle, on croit que S A. S. ne bâtira point dans ce jardin : mais je crois qu'on croit mal Un Prince qui affronte la Cour & la Ville, qui eſt ſourd au cri public, & qui ſe met au-deſſus de tous les préjugés, n'eſt pas homme à faire un pas en arriere. Il feroit voir par-là qu'il s'eſt trompé, & il aimera mieux l'être. Mais qu'il conſtruiſe des maiſons, ou qu'il n'en conſtruiſe pas, l'allée étant abattue, la promenade eſt perdue ; & par conſéquent, Milord, tous les deſavantages que je vous ai démontrés s'en ſuivront.

F I N.

BIBLIOTHÈQUE DE L'ARSENAL

www.ingramcontent.com/pod-product-compliance
Lightning Source LLC
LaVergne TN
LVHW022347170726
843503LV00008B/3595

9 782329 671529